MARINE ET COLONIES

DÉPÔT DES CARTES ET PLANS

RECUEIL RÉGLEMENTAIRE

DES

CARTES ET DOCUMENTS

NAUTIQUES

A DÉLIVRER

AUX BATIMENTS DE LA MARINE IMPÉRIALE

TREIZIÈME CATÉGORIE

DIVISION DE L'OCÉAN PACIFIQUE

ET

STATIONS LOCALES DE TAHITI ET DE LA NOUVELLE-CALÉDONIE

PARIS

TYPOGRAPHIE DE FIRMIN DIDOT FRÈRES

IMPRIMEURS DE L'INSTITUT ET DE LA MARINE

rue Jacob, 56

1865

MARINE ET COLONIES.

Dépôt des Cartes et Plans.

RECUEIL RÉGLEMENTAIRE

DES

CARTES ET DOCUMENTS NAUTIQUES

A DÉLIVRER

AUX BATIMENTS DE LA MARINE IMPÉRIALE.

TREIZIÈME CATÉGORIE

DIVISION DE L'OCÉAN PACIFIQUE

ET

STATIONS LOCALES DE TAHITI ET DE LA NOUVELLE-CALÉDONIE.

Le Recueil réglementaire a été revisé par une commission composée de MM. Villemain et Périgot, capitaines de vaisseau, et Gaussin, ingénieur hydrographe de 1re classe, chargé du service des Cartes.

Pour faciliter les recherches, les Cartes ont été classées par sections comprenant vingt numéros environ, et répondant toujours à des divisions géographiques. Autant que possible les sections correspondant aux mêmes parages ont reçu la même composition, quelle que fût la catégorie à laquelle elles devaient appartenir.

Ces sections seront renfermées dans des chemises en papier collé sur toile. Les chemises numérotées de 1 à 190 constituent donc une unité intermédiaire entre la carte et le recueil.

Les chemises seront en outre délivrées dans les caisses en bois déjà réglementaires.

Les dates des corrections essentielles sont inscrites dans ce recueil et dans les suppléments trimestriels en caractères droits, celles des corrections secondaires en caractères italiques.

La lettre F désigne les cartes françaises, et la lettre A les cartes anglaises.

TREIZIÈME CATÉGORIE

DIVISION DE L'OCÉAN PACIFIQUE

ET

STATIONS LOCALES DE TAHITI ET DE LA NOUVELLE-CALÉDONIE.

(Outre la treizième catégorie, les bâtiments de la Division de l'Océan Pacifique et ceux des Stations locales de Tahiti et de la Nouvelle-Calédonie recevront la première catégorie.)

TABLE DES MATIÈRES

CHEMISES.

OUVRAGES.

CHEMISE N° 177.

(Chemise restreinte.)

Antilles.

CHEMISE N° 178.

Côtes du Brésil, du cap San-Roque à l'île Sainte-Catherine.

CHEMISE N° 109.

Côtes du Brésil, de l'île Sainte-Catherine à la Plata ; entrée de la Plata.

<table>
<tr><td>Numéros
des Cartes.</td><td></td><td>Dates
des corrections.</td></tr>
<tr><td>F. 2091.</td><td>De Rio-Janeiro au Rio de la Plata . . . .</td><td>1865</td></tr>
<tr><td></td><td>(Pour mémoire, voir la chemise n° 178.)</td><td></td></tr>
<tr><td>F. 2046.</td><td>Du cap Sainte-Marthe à la barre de Tramandahy . . .</td><td></td></tr>
<tr><td>F. 2063.</td><td>Atterrages de la Plata et de la côte Sud du Brésil . . .</td><td></td></tr>
<tr><td>F. 2051.</td><td>Rio-Grande do Sul . . . .</td><td></td></tr>
<tr><td>F. 1959.</td><td>Rio de la Plata . . . .</td><td></td></tr>
<tr><td>F. 1913.</td><td>Mouillages de Castillo et de Polonio . . . .</td><td></td></tr>
<tr><td>F.   786.</td><td>Rade de Maldonado . . . .</td><td></td></tr>
<tr><td>F.   785.</td><td>Atterrages de Montevideo . . . .</td><td></td></tr>
<tr><td>F.   787.</td><td>Rade et port de Montevideo . . . .</td><td></td></tr>
<tr><td>F.   788.</td><td>Mouillages de la Colonia et des îles de Hornos . . . .</td><td></td></tr>
<tr><td>A. 2004.</td><td>Colonia Road . . . .</td><td></td></tr>
<tr><td>A. 1751.</td><td>La Plata, North Shore, Saucé to Martin Chico Points .</td><td></td></tr>
<tr><td>F. 1726.</td><td>Port de la Bajada de Parana . . . .</td><td></td></tr>
<tr><td>F.   789.</td><td>Rade de Buénos-Ayres . . . .</td><td></td></tr>
<tr><td>A. 2526.</td><td>Buenos-Ayres Road and adjacent Coast from Quilmes
to Punta Olivos . . . .</td><td></td></tr>
<tr><td>F.   790.</td><td>La Ensenada de Barragan . . . .</td><td></td></tr>
</table>

CHEMISE N° 111.

Côtes orientales de Patagonie, de la Plata au détroit de Magellan.

———

<table>
<tr><td>Numéros
des Cartes.</td><td></td><td>Dates
des corrections.</td></tr>
<tr><td>F. 1262.</td><td>De la Plata au parallèle de 45° 5o′ Sud. . . . .</td><td></td></tr>
<tr><td>A. 1358.</td><td>Bahia Blanca to Rio Negro. . . . .</td><td></td></tr>
<tr><td>A. 1331.</td><td>Belgrano Port. . . . .</td><td></td></tr>
<tr><td>A. 1329.</td><td>Union Bay. . . . .</td><td></td></tr>
<tr><td>A. 1320.</td><td>San Blas. . . . .</td><td></td></tr>
<tr><td>A. 1310.</td><td>Rio Negro. . . . .</td><td></td></tr>
<tr><td>A. 1327.</td><td>San Antonio. . . . .</td><td></td></tr>
<tr><td>F. 1263.</td><td>Du parallèle de 44° Sud au détroit de Magellan. —
Port Désiré. — Baie Sea-Bar. —Port Gallegos. . .</td><td></td></tr>
<tr><td>F. 418.</td><td>Port de Sainte-Hélène. — Port de Melo. . . . .</td><td></td></tr>
<tr><td>A. 552.</td><td>Leones, or Ship Island. . . . .</td><td></td></tr>
<tr><td>F. 1922.</td><td>Baie de Tova. . . . .</td><td></td></tr>
<tr><td>F. 1923.</td><td>Mouillage de l'île des Pingouins. . . . .</td><td></td></tr>
<tr><td>A. 1292.</td><td>San Julian. . . . .</td><td></td></tr>
<tr><td>A. 1308.</td><td>Santa Cruz and River. . . . .</td><td></td></tr>
</table>

CHEMISE N° 112.

Détroit de Magellan et Terre-de-Feu.

CHEMISE N° 113.

Malouines et partie des terres australes.

CHEMISE N° 114.

Cartes routières de l'océan Pacifique.

———

Numéros des Cartes.		Dates des corrections.
F. 1092. F. 1093. F. 1094. F. 1095.	Carte générale de l'océan Pacifique.	1863
A. 2461.	Cook River to California Gulf.	
A. 2460.	Behring Strait to 30° Nord.	
A. 2459.	Kamtschatka to Chusan Island.	
A. 2464.	Sandwich Island to New Caledonia.	
F. 1151.	Iles Hawaii et îles environnantes.	
F. 1150.	Iles situées entre 12° et 30° de latitude Nord, et entre 147° et 176° de longitude Est.	
F. 1149.	Iles Mariannes, Philippines, Formose, etc.	1863
F. 1154.	Iles situées entre 12° Nord et 6° Sud, et entre 142° et 172° Ouest.	
F. 1153.	Iles Marshall et Gilbert.	
F. 1152.	Iles Carolines, Nouvelle-Guinée, îles Salomon, etc. .	
F. 985.	Iles Tahiti, Pomotou et Noukouhiva.	1864
F. 1101.	Iles Viti, Samoa, Tonga.	
F. 2109.	Mer du Corail, Nouvelle-Guinée, Nouvelle-Calédonie, etc.	
F. 1158.	Iles situées entre 20° et 36° Sud, et entre 127° et 156° Ouest.	
F. 1157.	Iles situées entre 20° et 36° Sud, et entre 156° Ouest et 175° Est.	1862
F. 1156.	Nouvelle-Hollande (côte Est), Nouvelle-Calédonie, Nouvelle-Zélande, etc.	
F. 1160.	Iles Macquarie, Campbell, Auckland, et partie Sud de la Nouvelle-Zélande.	
F. 1159.	Tasmanie et partie méridionale de la Nouvelle-Hollande.	1860
F. 1111.	Partie S. O. de la Nouvelle-Hollande.	
A. 2759a. A. 2759b.	Australia.	

CHEMISE N° 115.

Côte Ouest de l'Amérique du Sud, du détroit de Magellan à Chiloé.

<table>
<tr><td>Numéros
des Cartes.</td><td></td><td>Dates
des corrections.</td></tr>
<tr><td>F. 1146.</td><td>Côtes de la Patagonie occidentale et du Chili. . . .</td><td></td></tr>
<tr><td>F. 1307.</td><td>Des îles Evangelistas au golfe de Peñas. . . . . . .</td><td></td></tr>
<tr><td>A. 560.</td><td>From Magellan Strait to the Gulf of Trinidad. . . .</td><td></td></tr>
<tr><td>A. 561.</td><td>Gulf of Trinidad to Gulf of Peñas. . . . .</td><td></td></tr>
<tr><td>F. 2025.</td><td>Port Otway. — Port Barbara. . . . .</td><td></td></tr>
<tr><td>A. 1325.</td><td>Gulf of Peñas to the Guaytecas Islands. . . . . . .</td><td></td></tr>
<tr><td>A. 1297.</td><td>San Andres Bay. . . . .</td><td></td></tr>
<tr><td>A. 1298.</td><td>Anna Pink Bay, Port Refuge and Patch Cove. . . .</td><td></td></tr>
<tr><td>A. 1338.</td><td>Vallenar Road. . . . .</td><td></td></tr>
<tr><td>A. 563.</td><td>St Domingo. . . . .</td><td></td></tr>
<tr><td>A. 564.</td><td>Piti Palena. . . . .</td><td></td></tr>
<tr><td>A. 565.</td><td>Tictoc Bay. . . . .</td><td></td></tr>
<tr><td>A. 1289.</td><td>Guaytecas Islands to San Antonio Point. . . . . .</td><td></td></tr>
<tr><td>A. 1296.</td><td>Port Low and Inner Port. . . . .</td><td></td></tr>
<tr><td>A. 1304.</td><td>San Pedro, Sheep, and Small Coves. . . . .</td><td></td></tr>
<tr><td>A 566.</td><td>Comau, or Leteu. . . . .</td><td></td></tr>
<tr><td>A 567.</td><td>Reloncavi. . . . .</td><td></td></tr>
<tr><td>A. 1313.</td><td>San Carlos and Chacao Narrows. . . . .</td><td></td></tr>
</table>

CHEMISE N° 116.

Côte Ouest de l'Amérique du Sud, de Chiloé à Cobija.

<table>
<thead>
<tr><th>Numéros
des Cartes.</th><th></th><th>Dates
des corrections.</th></tr>
</thead>
<tbody>
<tr><td>A. 1374.</td><td>San Antonio Point to Tucapel. . . . .</td><td></td></tr>
<tr><td>F. 422.</td><td>Valdivia. — Anse du Corral.. . . . .</td><td></td></tr>
<tr><td>F. 1948.</td><td>De la baie Arauco à Maytencillo. . . . .</td><td></td></tr>
<tr><td>F. 1951.</td><td>Côte de Coronel. . . . .</td><td></td></tr>
<tr><td>F. 1757.</td><td>Baie de Conception. . . . .</td><td></td></tr>
<tr><td>A. 1312.</td><td>Coliumo Bay, and Entrance to River Maule. . . . .</td><td></td></tr>
<tr><td>F. 905.</td><td>Atterrage de Valparaiso. . . . .</td><td></td></tr>
<tr><td>A. 1300.</td><td>Port Papudo. — Horcon and Quintero Bays.. . . . .</td><td></td></tr>
<tr><td>F. 1307.</td><td>Maytencillo Cove, Pichidanque Bay and Ligua Road.</td><td></td></tr>
<tr><td>F. 423.</td><td>Port de Baldivia. — Rade de San Juan Bautista (île
Juan Fernandès).. . . . .</td><td></td></tr>
<tr><td>F. 1062.</td><td>Ile Juan Fernandez. — San Juan-Bautista. — Iles Saint-
Ambroise et Saint-Félix. . . . .</td><td></td></tr>
<tr><td>F. 1746.</td><td>Baie de Coquimbo.. . . . .</td><td>1860</td></tr>
<tr><td>F. 1162.</td><td>Partie Nord du Chili, Bolivie et Pérou. . . . . . .</td><td>1863</td></tr>
<tr><td>A. 1287.</td><td>Maytencillo to Herradura. —Chanaral and Peña Blanca
Bays.. . . . .</td><td></td></tr>
<tr><td>A. 575.</td><td>Huasco. . . . .</td><td></td></tr>
<tr><td>A. 1276.</td><td>Herradura to Grande Point. — St Felix and St Am-
brose Islands. . . . .</td><td></td></tr>
<tr><td>A. 1315.</td><td>Copiapo Harbour. — Pajonal Cove, Herradura, Chañe-
ral, and Tortorallilo Bays. . . . .</td><td></td></tr>
<tr><td>A. 1302.</td><td>Caldera and Yngles. — Flamenco, Sugar Loaf Ancho-
rage, and Lavata Bay. . . . .</td><td></td></tr>
<tr><td>A. 1277.</td><td>Grande Point to San Francisco Point. . . . . . .</td><td></td></tr>
<tr><td>F. 1952.</td><td>Port de Mexillones. . . . .</td><td></td></tr>
<tr><td>F. 1039.</td><td>Mouillage de Cobija. . . . .</td><td></td></tr>
<tr><td>F. 843.</td><td>Baie de Coquimbo. — Ile et rade d'Iquique. . . . .</td><td></td></tr>
<tr><td>F. 1011.</td><td>Positions des îles Saint-Félix et Saint-Ambroise. —
Positions des îles Hormigas. . . . .</td><td>1858</td></tr>
</tbody>
</table>

CHEMISE N° 117.

Côte Ouest d'Amérique, de Cobija au Callao.

<table>
<tr><td>Numéros
des Cartes.</td><td></td><td>Dates
des corrections.</td></tr>
</table>

CHEMISE N° 118.

**Côte Ouest d'Amérique, du Callao à l'entrée du golfe de Panama:
îles Galapagos.**

<table>
<tr><td>Numéros
des Cartes.</td><td></td><td>Dates
des corrections</td></tr>
<tr><td>A. 1285.</td><td>Begueta Bay to Chicama River. — Ferrol Bay.</td><td></td></tr>
<tr><td>F. 433.</td><td>Port de l'Ancon..</td><td></td></tr>
<tr><td>A. 1347.</td><td>Barranca and Supé. — Huacho and Chancay Bays. .</td><td></td></tr>
<tr><td>F. 1193.</td><td>Mouillage de Huacho.</td><td></td></tr>
<tr><td>A. 1368.</td><td>Casma and Guarmey Bays.</td><td></td></tr>
<tr><td>A. 1311.</td><td>Santa Bay, and Port Samanco..</td><td></td></tr>
<tr><td>F. 435.</td><td>Côte Ouest d'Amérique, depuis 7° de latitude S. jusqu'à 9° de latitude N.</td><td></td></tr>
<tr><td>A. 1335.</td><td>Chicama River to Port Payta.</td><td></td></tr>
<tr><td>A. 1294.</td><td>Lambayeque, Pacasmayo, Huanchaco, and Malabrigo Roads.</td><td></td></tr>
<tr><td>F. 682.</td><td>Baie de Payta. — Entrée de l'anse de Séchura..</td><td></td></tr>
<tr><td>A. 1813.</td><td>Payta to Ayangui Point. — Port Payta.</td><td></td></tr>
<tr><td>F. 2125.</td><td>Du golfe de Guyaquil au golfe de Tehuantepec..</td><td></td></tr>
<tr><td>A. 586.</td><td>Guyaquil River..</td><td></td></tr>
<tr><td>A. 1814.</td><td>Ayangui Point to Verde Point. —Cape Pasado Anchorage and Manta Bay.</td><td></td></tr>
<tr><td>A. 2799.</td><td>Salango Island Anchorage, Caracas River, and St Elena Bay.</td><td></td></tr>
<tr><td>A. 2801.</td><td>Santiago River, Posa Harbour, San Lorenzo and Atacames Bays.</td><td></td></tr>
<tr><td>A. 2257.</td><td>Verde Point to Buenaventura, Tumaco Road and Sanguinga Entrance.</td><td></td></tr>
<tr><td>A. 2319.</td><td>Buenaventura Port.</td><td></td></tr>
<tr><td>A. 2258.</td><td>Buenaventura to Cape Marzo.</td><td></td></tr>
<tr><td>A. 2749.</td><td>Octavia, Cupica, and Cabita Bays, Port Utria and San Juan River mouth.</td><td></td></tr>
<tr><td>F. 725.</td><td>Iles Galapagos. — Baie Albany et mouillage de l'île Hood (Galapagos). — Baie Salango et mouillage de Tacames (Colombie). — Banc de la Perle..</td><td></td></tr>
<tr><td>F. 961.</td><td>Partie de l'archipel des Galapagos.</td><td></td></tr>
<tr><td>F. 1038.</td><td>Iles Charles ou Floriana (Galapagos).</td><td></td></tr>
</table>

CHEMISE N° 119.

Côte Ouest d'Amérique, du golfe de Panama au golfe de Nicoya.

Numéros des Cartes.		Dates des corrections.
F. 2125.	Du golfe de Guyaquil au golfe de Tehuantepec.	
	(Pour mémoire, voir la chemise n° 118.)	
A. 2267.	Cape Marso to Mariato Point. — Piñas Bay.	
A. 2261.	Panama Bay, Darien Harbour, Taboga, and Boca Chica.	
A. 2798.	Chepo River Entrance, Perlas, Bayoneta and Pedro Gonzales Islands.	
F. 1004.	Rade de Panama.	
A. 1544.	Panama Road.	
A. 2021.	Railroad across the Isthmus of Panama.	
A. 2748.	Chamé Bay.	
F. 1719.	De la pointe Mariato à la Pointe Platanal.	
A. 1928.	Quibo or Coiba Island.	
F. 1703.	Bahia Honda.	
F. 1707.	Baie de Pueblo-Nuevo.	
A. 2816.	Parida and Palenqui Anchorages.	
F. 1709.	Baie de David ou Chiriqui.	
F. 1533.	De la pointe Platanal à la pointe Herradura.	

CHEMISE N° 120.

Côte Ouest d'Amérique,
du golfe de Nicoya au golfe de Tehuantepec.

CHEMISE N° 121.

Côte Ouest d'Amérique, du golfe de Tehuantepec à San-Diego.

———

<table>
<tr><td>Numéros
des Cartes.</td><td></td><td>Dates
des corrections.</td></tr>
<tr><td>F. 1997.</td><td>Du golfe de Tehuantepec au port de San-Diego.. . .</td><td></td></tr>
<tr><td>A. 1932.</td><td>Guatulco Port and Morro Ayuca. . . . .</td><td></td></tr>
<tr><td>F. 1045.</td><td>Port d'Acapulco. . . . .</td><td></td></tr>
<tr><td>F. 840.</td><td>D'Acapulco à l'entrée du golfe de Californie. — Embouchure de la rivière de Chamatla. . . . . . .</td><td></td></tr>
<tr><td>A. 516.</td><td>Mangrove Bluff to Cape Corrientes. — Manzanilla Bay. — Navidad Bay. — Perula Bay. . . . .</td><td></td></tr>
<tr><td>A. 2323.</td><td>Gulf of California, San Blas to San Josef Island. — Ports of Ballena and San Gabriel. . . . .</td><td></td></tr>
<tr><td>A. 2324.</td><td>Gulf of California, San Josef Island to Guaymas. — Salinas, Mangles, Pulpito and Amortajada Bay. . .</td><td></td></tr>
<tr><td>A. 1876.</td><td>Mazatlan Harbour. — St Blas. . . . .</td><td></td></tr>
<tr><td>F. 437.</td><td>Du cap Corrientes au port San Diego. — Baie de la Paz. — Port du Pichilingue. . . . .</td><td></td></tr>
<tr><td>F. 1015.</td><td>Rade de Guaymas. . . . .</td><td></td></tr>
<tr><td>A. 1913.</td><td>San Lucas Bay. — San José del Cabo. . . . . . .</td><td></td></tr>
<tr><td>F. 1036.</td><td>Atterrage de la baie de la Magdeleine. . . . . . .</td><td></td></tr>
<tr><td>A. 1930.</td><td>Magdalena Bay. . . . .</td><td></td></tr>
<tr><td>A. 2795.</td><td>Cerros Island.. . . . .</td><td></td></tr>
<tr><td>A. 1908.</td><td>Playa Maria, St Bartholomea, and San Juan Anchorages.. . . . .</td><td></td></tr>
<tr><td>F. 1027.</td><td>Ile de la Guadeloupe. — Roches Alijos. . . . . . .</td><td></td></tr>
<tr><td>A. 1924.</td><td>San Quentin Port.. . . . .</td><td></td></tr>
<tr><td>A. 1909.</td><td>St Nicholas Island, Coronados Rocks and Colnett Bay. . . . .</td><td></td></tr>
</table>

CHEMISE N° 122.

Côte Nord-Ouest d'Amérique, de San-Diego à l'île de Vancouver.

Numéros des Cartes.		Dates des corrections.
F. 1979.	Du port San Diego aux îles de la Reine-Charlotte.. .	
A. 2885.	San Diego Bay.	
A. 2797.	Santa Cruz, San Rosa, Santa Catalina, San Miguel, and Anacapa Islands. — Becher, Anacapa, and Raper Bays, Cuyler Harbour and Pandora Cove..	
F. 1475.	San Francisco. — Baie Bodega. — Baie de Monterey.	
F. 1018.	Baie de Monterey.	
F. 1002.	Atterrages de la baie de San Francisco.	
A. 591.	San Francisco.	
A. 2887.	Mare Island and Karquines Straits.	
A. 2069.	Suisun Bay.	
A. 1577. A. 1603.	Columbia River Entrance.	

CHEMISE N° 123.

Côte Nord-Ouest d'Amérique, île de Vancouver.

Numéros des Cartes.		Dates des corrections.
F. 1979.	Du port San Diego aux îles de la Reine-Charlotte. .	
	(Pour mémoire, voir la chemise n° 122.)	
A. 1917.	Vancouver Island.	
A. 1911.	Juan de Fuca Strait. — Admiralty Inlet and Puget Sound.	
A. 1910.	Port San Juan, Duncan Rock, and Neeah Bay. . . .	
A. 1907.	Sook Inlet.	
A. 1906.	Becher and Pedder Bays	
A. 576.	Esquimalt and Victoria Harbours.	1864
A. 1897a.	Esquimalt Harbour.	
A. 572.	Constance Cove (Esquimalt Harbour).	1864
A. 572a.	Naval Reserve Duntze Head (Esquimalt Harbour). .	1864
A. 1897b.	Victoria Harbour.	
A. 1947.	Puget Sound.	
A. 2689.	Haro and Rosario Straits.	
A. 2840.	Haro Strait and Middle Channel.	
A. 2627.	Semiahmoo Bay and Drayton Harbour.	
A. 2512.	Nanaimo Harbour and Departure Bay.	
A. 573.	Nanaimo Harbour.	1864
A. 1922.	Fraser River and Burrard Inlet (Gulf of Georgia). . .	
A. 579.	Fraser River to the N. E. Point of Texada Island, Howe Sound and Jervis Inlets.	
A. 585.	Ports Augusta and Graves, Nanoose and Pender Harbours, and Shoal Channel.	

CHEMISE N° 124.

Côtes Nord-Ouest et Nord d'Amérique, de l'île Vancouver à la rivière Mackenzie.

<table>
<tr><td>Numéros
des Cartes.</td><td></td><td>Dates
des corrections.</td></tr>
<tr><td>A. 2430.</td><td>Vancouver Island to Cordova Bay. . . . .</td><td></td></tr>
<tr><td>A. 2426.</td><td>Port Simpson. . . . .</td><td></td></tr>
<tr><td>A. 2168.</td><td>Ports in Queen Charlotte Islands. . . . .</td><td></td></tr>
<tr><td>F. 578.</td><td>Côte N. O. d'Amérique, 4ᵉ feuille. — Port Stewart. . .</td><td></td></tr>
<tr><td>F. 548.</td><td>Entrée du Port de Bucarelli. . . . .</td><td></td></tr>
<tr><td>F. 579.</td><td>Côte N. O. d'Amérique, 5ᵉ feuille. — Port Conclusion.
— Port Protection. — Entrée de Cross-Sound. . .</td><td></td></tr>
<tr><td>F. 547.</td><td>Port des Français. . . . .</td><td></td></tr>
<tr><td>F. 580.</td><td>Côte N. O. d'Amérique, 6ᵉ feuille. — Port Chalmers. .</td><td></td></tr>
<tr><td>F. 581.</td><td>Côte N. O. d'Amérique, 7ᵉ feuille. — Port Chatham. .</td><td></td></tr>
<tr><td>F. 552.</td><td>Vues de la côte N. O. d'Amérique. . . . .</td><td></td></tr>
<tr><td>F. 550.</td><td>Vues de la côte N. O. d'Amérique. . . . .</td><td></td></tr>
<tr><td>F. 546.</td><td>Vues de la côte N. O. d'Amérique. . . . .</td><td></td></tr>
<tr><td>F. 584.</td><td>Vues de la côte N. O. d'Amérique. . . . .</td><td></td></tr>
<tr><td>F. 585.</td><td>Vues de la côte N. O. d'Amérique. . . . .</td><td></td></tr>
<tr><td>F. 586.</td><td>Vues de la côte N. O. d'Amérique. . . . .</td><td></td></tr>
<tr><td>F. 587.</td><td>Vues de la côte N. O. d'Amérique. . . . .</td><td></td></tr>
<tr><td>A. 2337.</td><td>Sitka Sound, Norfolk of Vancouver. . . . .</td><td></td></tr>
<tr><td>A. 2348.</td><td>Sitka or New Arkhangel. . . . .</td><td></td></tr>
<tr><td>A. 1737.</td><td>Port Etches. . . . .</td><td></td></tr>
<tr><td>A. 2164.</td><td>Barrow Point and Port Moore. . . . .</td><td></td></tr>
<tr><td>A. 593.</td><td>Rodney Point to Barrow Point. — Ports Chamisso,
Clarence and Grantley. . . . .</td><td></td></tr>
<tr><td>A. 2172.</td><td>Artic Sea. — Behring Strait. . . . .</td><td></td></tr>
<tr><td>A. 2435.</td><td>Mackenzie River to Behring Strait. . . . .</td><td></td></tr>
</table>

CHEMISE N° 125.

Océan Pacifique Nord, îles Sandwich, Marshall et Gilbert.

Numéros des Cartes.		Dates des corrections.
A. 2867.	Fanning Island..	1864
A. 1510.	Sandwich Islands. — Honoruru and Kairua Bay. . .	
A. 1380.	Ouhihee Island, Byron Bay..	
F. 1040.	Baie de Kearakakoua (île Hawaii).	
F. 674.	Rade Kayakakoua (île Hawaii)..	
F. 675.	Baie de Kobaihai (île Hawaii).	
A. 677.	Rade de Raheena (île Mawi).	
A. 1378.	Woahoo Island, South Coast. — Honoruru Harbour.	
F. 1758.	Mouillage de Honolulu (île Woahou)..	
A. 1377.	Atooi Island, Hanalai Bay.	
F. 583.	Vues des îles Sandwich et autres îles.	
F. 556.	Ile Necker et basse des Frégates-Françaises.	
F. 704.	Iles Bishop (iles Gilbert).	
F. 705.	Ile Hall. — Iles Woodle et Henderville (îles Gilbert). .	
F. 706.	Iles Charlotte (îles Gilbert). — Iles Mulgrave (îles Marshall).	
F. 1140.	Partie N. O. des îles Mulgrave. — Port du Rhin (îles Mulgrave)..	
F. 707.	Iles Bonham (îles Marshall)..	

CHEMISE N° 126.

Océan Pacifique Nord, îles Carolines et Mariannes.

———

<table>
<tr><td colspan="2">Numéros
des Cartes.</td><td></td><td>Dates
des corrections.</td></tr>
<tr><td>F.</td><td>715.</td><td>Archipel des îles Carolines . . . .</td><td></td></tr>
<tr><td>F.</td><td>709.</td><td>Ile Oualan. . . . .</td><td></td></tr>
<tr><td>F.</td><td>710.</td><td>Havre de la Coquille (île Oualan). . . . .</td><td></td></tr>
<tr><td>F.</td><td>711.</td><td>Havre Chabrol. — Port Lottin (île Oualan). . . . . .</td><td></td></tr>
<tr><td>F.</td><td>712.</td><td>Iles Mac-Askill. — Iles Duperrey (îles Carolines). . .</td><td></td></tr>
<tr><td>F.</td><td>1016.</td><td>Ile Bonnebey (îles Carolines). . . . .</td><td></td></tr>
<tr><td>F.</td><td>1199.</td><td>Port de Métaléline (île Bonnebey). . . . .</td><td></td></tr>
<tr><td>F.</td><td>1200.</td><td>Port Ronikiti (île Bonnebey). . . . .</td><td></td></tr>
<tr><td>F.</td><td>1201.</td><td>Port Lodde (île Bonnebey). . . . .</td><td></td></tr>
<tr><td>F.</td><td>1078.</td><td>Iles Rouk (îles Carolines). — Mouillage de l'île Tsis. . .</td><td></td></tr>
<tr><td>F.</td><td>713.</td><td>Iles Hogoleu (îles Carolines). . . . .</td><td></td></tr>
<tr><td>F.</td><td>774.</td><td>Iles Hogoleu (îles Carolines). . . . .</td><td></td></tr>
<tr><td>F.</td><td>714.</td><td>Iles Tamatam, Fanadik et Ollap. — Ile Bigali. — Ile
Satahoual (îles Carolines). . . . .</td><td></td></tr>
<tr><td>F.</td><td>665.</td><td>Partie des îles Carolines. — Iles Guliay. — Basse-Triste.
— Iles de la Passion. . . . .</td><td></td></tr>
<tr><td>F.</td><td>775.</td><td>Iles Elivi. . . . .</td><td></td></tr>
<tr><td>F.</td><td>773.</td><td>Volcan Mathew. — Iles Gouap. — Iles Goulou. —
Partie Est des îles Pelew. . . . .</td><td></td></tr>
<tr><td>F.</td><td>1077.</td><td>Ile Gouap. — Partie Est des îles Pelew. — Groupe
Louasap. — Groupe Nougouor. . . . .</td><td></td></tr>
<tr><td>A.</td><td>1103.</td><td>Pellew Islands. . . . .</td><td></td></tr>
<tr><td>F.</td><td>666.</td><td>Iles Mariannes. . . . .</td><td></td></tr>
<tr><td>F.</td><td>667.</td><td>Ile Guam (îles Mariannes). . . . .</td><td></td></tr>
<tr><td>F.</td><td>668.</td><td>Ile Guam, 1re feuille. — Ile Rota. . . . .</td><td></td></tr>
<tr><td>F.</td><td>669.</td><td>Ile Guam, 2^e feuille. . . . .</td><td></td></tr>
<tr><td>F.</td><td>670.</td><td>Baie d'Umata (île Guam). . . . .</td><td></td></tr>
<tr><td>F.</td><td>671.</td><td>Port San-Luis d'Apra (île Guam). . . . .</td><td></td></tr>
<tr><td>F.</td><td>672.</td><td>Havre de Tarofofo (île Guam). . . . .</td><td></td></tr>
<tr><td>F.</td><td>673.</td><td>Rade de Tinian. — Ile Guguan. — Farallon de Medi-
nilla. — Farallon de Tores (îles Mariannes). . . . .</td><td></td></tr>
<tr><td>A.</td><td>1100.</td><td>Bonin or Arzobispo Isles. — Port Lloyd, Peel Island. . .</td><td></td></tr>
</table>

———

CHEMISE N° 127.

Océan Pacifique Sud,
îles de Pâques, Marquises, Pomotou, Tahiti.

———

Numéros des Cartes.		Dates des corrections.
F. 1029.	Iles Juan Fernandez et Mas a Fuera. — Ile de Pâques.	
F. 541.	Vues de l'île de Pâques. — Baie de Cook.	
A. 1113.	Pitcairn Island.	
F. 962.	Iles Marquises.	
F. 1064.	Port Tchichakof (Ile Noukou-Hiva).	
F. 1216.	Baie de Tai o Hae (île Nuku-Hiva).	
F. 1217.	Baie du Contrôleur (île Nuku-Hiva).	
F. 1300.	Ile Tahuata. — Baie de Vaitahu (îles Marquises).	
F. 1716.	Archipel des Pomotou.	1864
F. 683.	Ile Clermont-Tonnerre. — Ile Narcisse. — Ile Moller (îles Pomotou).	
F. 1071.	Ile Serles. — Ile Clermont-Tonnerre. —Iles Tiokea et Oura. — Iles Ireland et Raraka. — Iles Wittgenstein, Elizabeth et Greig (îles Pomotou). — Ile Mopelia. — Ile Scilly (archipel de Tahiti).	
F. 1063.	Iles Manga-Reva ou Gambier.	
A. 1111.	Heyow (Bow or Harp) Island.	
F. 689.	Iles de la Société.	
F. 1021.	Côte Nord de Tahiti.	
F. 1307.	Côte Nord de Tahiti, de la pointe Vénus à Faarumai.	
A. 1382.	Otaheite and Eimeo, Papeete, Toanoa, Papaoa and Matavai Bays.	
F. 1022.	Rades de Papeeti et de Toanoa.	
F. 1261.	Côte Ouest de Tahiti, de Papeeti à Punaavia.	
A. 2161.	Huahine Island, Owaarre Harbour.	
F. 1978.	Port de Teavarua (île Raiatea).	
F. 686.	Ile Bora-Bora.	
F. 687.	Port de l'île Bora-Bora.	
F. 688.	Ile Maupiti.	

———

CHEMISE N° 128.

Océan Pacifique Sud, archipels Toubouai, de Cook, Samoa, Tonga et Viti.

Numéros des Cartes.		Dates des corrections.
F. 1727.	Mouillage de l'île Toubouai..	
F. 1028.	Iles Hull, Mangia et Raro-Tonga..	
F. 1072.	Iles Samoa. — Port Apia (île Oupolou). — Partie de l'île Toutouila..	
A. 1730.	Pangopango Harbour (Tutuila Island).	
F. 1096.	Groupe Hafoulou-Hou. — Havre de Vavao. — Mouillage de Vavao..	
F. 1184.	Archipel Tonga. — Havre de Vavao. — Mouillage de Lefouga. — Havre de Tonga-Tabou..	
A. 2357.	Vavu Group..	
F. 1073.	Iles Hapaï. — Mouillage de Lefouga.	
F. 759.	Ile Tonga-Tabou..	
A. 2363.	Tonga-Tabu..	
F. 677.	Ile Pylstaart (îles Tonga). — Ile Rose (îles Samoa). . (Pour mémoire, voir la chemise n° 125.)	
F. 2100.	Iles Viti. — Port Lebouka (île Obalau).	
A. 1757.	Nukulau Port or Reiva Road in Ambow Island (Viti Group)..	
F. 1014.	Iles Futuna et Alofa. — Anse de Singavi. — Iles Wallis ou Uvea. — Mouillage de la baie de l'Allier (îles Wallis)..	
F. 703.	Ile Saint-Augustin de Maurelle. — Ile Rotouma. ..	

CHEMISE N° 129.

Nouvelle-Calédonie et îles Loyalty.

Numéros des Cartes.		Dates des corrections.
F. 2038.	Nouvelle-Calédonie, îles Loyalty et partie Sud des Nouvelles-Hébrides.	
F. 1960.	Nouvelle-Calédonie.	1863
F. 1089.	Iles Loyalty.	
F. 1766.	Baie d'Uvea (île Halgan).	
F. 1921.	Nouvelle-Calédonie, partie Nord.	
F. 1536.	Havre de Balade.	
F. 1209.	Port de Puebo.	
F. 1198.	Port de Hienguène.	
F. 1957.	Nouvelle-Calédonie, côte Est.	1863
F. 1537.	Port de Kanala.	1863
F. 1896.	Port Bouquet.	
F. 2044.	Passages de Mamere.	
F. 1915.	Nouvelle-Calédonie, partie Sud.	
F. 2036.	Baies de Kuakue et de Uinne.	
F. 1856.	De Kunie à la Grande-Terre.	
F. 1895.	Port de Iate.	
F. 1824.	Kunie (île des Pins).	1862
F. 1823.	Port de Vao.	
F. 1819.	Ports de la passe de Havannah.	
F. 1820.	Baie du Prony.	
F. 1894.	De l'île Uen à Port-de-France.	1862
F. 1845.	Ile Uen et canal Woodin.	
F. 1905.	De Port-de-France à Saint-Vincent	
F. 1939.	Port-de-France, Dumbea.	
F. 1793.	Port-de-France, port Laguerre et baie Noumea. . . .	
F. 1949.	De Uitoe à Uarai.	
F. 1540.	Port Saint-Vincent.	
F. 1946.	Nouvelle-Calédonie, côte Ouest.	

CHEMISE N° 130.

Nouvelles-Hébrides et îles Santa-Cruz.

Numéros des Cartes.		Dates des corrections.
F. 2032.	Anatom, port du Sud, île Mathew, île Fearn, île Erronan (Nouvelles-Hébrides)	
F. 2008.	Port Résolution (île de Tanna)	
F. 2009.	Baie Vila (île Vate)	
A. 134.	New Hebrides Islands, Dillon Bay, Ports Patteson and Sandwich, Havannah Harbour	
F. 1075.	Iles Banks	
F. 1076.	Iles Santa-Cruz	
F. 769.	Routes de l'*Astrolabe* près des îles Vanikoro . . .	
F. 770.	Iles Vanikoro ou de La Pérouse	
F. 771.	Baie Tevai (îles Vanikoro)	
F. 772.	Baie Manevai (îles Vanikoro)	
A. 350.	Lord Howe Island and Ball's Pyramid	
A. 1108.	Santa Cruz Island, Byron and Swallow Bays	

CHEMISE N° 131.

Iles Salomon, Nouvelle-Bretagne, Nouvelle-Irlande.

CHEMISE N° 132.

Nouvelle-Guinée, côte Nord; île Waigiou.

———

<table>
<tr><td colspan="2" align="center">Numéros
des Cartes.</td><td></td><td align="right">Dates
des corrections.</td></tr>
<tr><td>F.</td><td>617.</td><td>Détroit de Dampier. . . . .</td><td></td></tr>
<tr><td>F.</td><td>619.</td><td>Du cap Goode-Hoop au détroit de Dampier. . . . .</td><td></td></tr>
<tr><td>F.</td><td>765.</td><td>Du cap Good-Hoop au détroit de Dampier. . . . .</td><td></td></tr>
<tr><td>F.</td><td>766.</td><td>De l'île d'Urville au détroit de Dampier. . . . . . .</td><td></td></tr>
<tr><td>F.</td><td>694.</td><td>Iles découvertes en 1616 par Schouten. . . . . . .</td><td></td></tr>
<tr><td>F.</td><td>767.</td><td>Des îles Ari-Moa à l'île d'Urville. . . . .</td><td></td></tr>
<tr><td>F.</td><td>768.</td><td>De la pointe d'Urville à la pointe Saweba. . . . . .</td><td></td></tr>
<tr><td>A.</td><td>1085.</td><td>Bay on the North Side. . . . .</td><td></td></tr>
<tr><td>F.</td><td>718.</td><td>Du havre de Doreri aux îles Mispalu. . . . .</td><td></td></tr>
<tr><td>F.</td><td>717.</td><td>Côte au S. du havre de Doreri. . . . .</td><td></td></tr>
<tr><td>F.</td><td>716.</td><td>Havre de Doreri. . . . .</td><td></td></tr>
<tr><td>F.</td><td>623.</td><td>Nord de la Nouvelle-Guinée et de Vaigiou. . . . .</td><td></td></tr>
<tr><td>F.</td><td>621.</td><td>Havre de Boni ou Boni-Soïre (île Vaigiou). . . . . .</td><td></td></tr>
<tr><td>F.</td><td>663.</td><td>Partie de la côte Nord de l'île Vaigiou. . . . . . .</td><td></td></tr>
<tr><td>F.</td><td>664.</td><td>Ile et mouillage de Rawak. . . . .</td><td></td></tr>
<tr><td>F.</td><td>697.</td><td>Partie des îles des Papous. . . . .</td><td></td></tr>
<tr><td>F.</td><td>695.</td><td>Havre Offak (île Vaigiou). . . . .</td><td></td></tr>
<tr><td>F.</td><td>696.</td><td>Partie Nord de la baie Chabrol. — Ports Duperrey et
d'Urville (île Vaigiou). . . . .</td><td></td></tr>
<tr><td>F.</td><td>662.</td><td>Partie des îles des Papous. . . . .</td><td></td></tr>
<tr><td>F.</td><td>775.</td><td>Iles Aiou et Asia (îles des Papous). . . . .
(Pour mémoire, voir la chemise n° 126.)</td><td></td></tr>
<tr><td>A.</td><td>916.</td><td>Aiou or Yowl and Syang Islands. . . . .</td><td></td></tr>
<tr><td>F.</td><td>698.</td><td>Détroit de Guébé. . . . .</td><td></td></tr>
<tr><td>F.</td><td>661.</td><td>Partie du grand archipel d'Asie. — Port de l'île Guébé.
— Port de l'île Fohou. . . . .</td><td></td></tr>
</table>

———

CHEMISE N° 133.

Nouvelle-Guinée, côte Sud ; Louisiade.

———

Numéros des Cartes.		Dates des corrections.
F. 1081.	Côte S. O. de la Nouvelle-Guinée. — Port Dubus (baie Triton)..	
F. 1083.	Iles Arrou..	
A. 1460.	Banda, Ki Doulan, Dobbo and Dilhi Harbours, Kissa, Oliliet, and Letti Anchorages..	
A. 1086.	Track and Discoveries of the Panther and Endeavour.	
A. 2423.	Bampton Island to Aird River, Bramble Cay..	
A. 2120.	Aird River to Freshwater Bay..	
A. 2121.	Freshwater Bay to Round Head.	
A. 2122.	Round Head to Orangerie Bay.	
A. 2123.	Orangerie Bay to Bramble Haven..	
A. 2124.	Bramble Haven to Rossel Islands.	
F. 1090.	Côtes S. E. de la Nouvelle-Guinée et de la Louisiade...	
F. 762.	Partie de l'île Rossel (Louisiade). — Iles Laughlan..	
F. 616.	Partie S. E. de la Nouvelle-Guinée.	
A. 2641.	Woodlark Island, South Coast.	

CHEMISE N° 134.

Nouvelle-Hollande, côte Nord-Est; détroit de Torrès.

Numéros des Cartes.		Dates des corrections.
F. 1861.	Détroit de Torrès.	
F. 1862.	Détroit de Torrès, chenaux de l'Ouest.	1863
F. 1863.	Détroit de Torrès, partie Nord et Est, et chenaux de l'Est.	
F. 1864.	Détroit de Torrès, partie des récifs de la Grande-Barrière, et entrée de l'île Raine.	1863
A. 1937.	Port Albany.	
A. 2353.	Cape Sidmouth to Cape Grenville.	
A. 2352.	Cape Flattery to Cape Sidmouth and the Barrier Reefs.	
A. 2351.	Cape Tribulation to Cape Flattery and the Barrier Reefs.	
A. 2350.	Double Point to Cape Tribulation and the Barrier Reefs.	
A. 2349.	Halifax Bay to Double Point and the Barrier Reefs. .	
A. 1948.	Rockingham Bay.	
A. 1075.	Northumberland Isles to Palm Isles.	
A. 346.	Witsunday Isles to Magnetic Island.	
A. 2803.	Denison Port.	

CHEMISE N° 135.

Nouvelle-Hollande, côte Est.

Numéros des Cartes.		Dates des corrections
A. 347.	Percy Isles to Whitsunday Isles.	
A. 1068.	Cape Moreton to Northumberland Islands, Curtis and Keppel Isles..	
A. 1072.	Endeavour River. — Percy Isle, Broad Sound and Shoal Water Bay..	
A. 351.	Percy Islands.	
A. 346.	Keppel Isles to Percy Isles..	
A. 1952.	Port Bowen.	
A. 1900.	Port Curtis..	
A. 345.	Sandy Cape to Keppel Isles..	
A. 1905.	Great Sandy Island Strait.	
A. 1031.	Northern Entrance to Great Sandy Island Strait. . .	
A. 1067.	Harrington Lake to Cape Moreton.	
A. 1670.	Moreton Bay and Rous Channel..	
F. 726.	Rivière Brisbane.	
A. 1071.	Tweed River..	
A. 1026.	The Solitary Islands and adjacent Coast..	1865
A. 1028.	Point Korogoro to Port Stephens.	
A. 2144.	Broken Bay to Sugar Loaf Point..	
A. 1070.	Port Stephens.	
A. 2119.	Newcastle Harbour.	
A. 2166.	Broken Bay.	
A. 2143.	Jervis Bay to Broken Bay.	
F. 1920.	Port Jackson..	
A. 2179.	Botany Bay and Port Hacking..	
A. 2176.	Jervis and Bateman Bays..	
F. 745.	Baie Jervis..	
A. 2142.	Barriga Point to Jervis Bay..	
A. 2141.	Cape Howe to Barriga Point.	

CHEMISE N° 136.

Détroit de Bass et Tasmanie.

———

Numéros des Cartes.		Dates des corrections.
F. 596. F. 597.	Vues de la terre de Van-Diemen.	
F. 1904.	Détroit de Bass.	1864
A. 1079.	Tasmania. — D'Entrecasteaux Channel and approaches to Derwent River.	
F. 1902.	Mouillages du Détroit de Bass. — Groupe Kent. — Anse dans la passe Murray. — Mouillage Waterhouse. — Baie Twofold. — Rade Franklin. — Anse Refuge. — Mouillages des îles Hunter.	
F. 1901.	Mouillages sur la côte Ouest des îles Flinders (détroit de Bass).	
F. 1903.	Port Dalrymple.	
F. 1910.	Détroit de Banks.	
F. 631.	Partie de la côte Est de la terre de Van-Diemen. — Oyster Bay et partie des îles Maria.	
A. 105.	Hobartown.	
F. 594.	Port du N. O. — Port de l'Espérance (canal d'Entrecasteaux).	
F. 593.	Port du Sud. — Baie des Moules.	
F. 592.	Port du Nord.	
A. 2130.	Port Davey.	
A. 1629.	Macquarie Harbour.	
A. 1083.	Burnett Harbour and Port Arthur.	
A. 1081.	George's Bay.	
A. 1080.	Tamar River.	
F. 1918.	Corner Inlet.	
F. 1914.	Port Western.	
F. 1886.	Port Phillip.	1863
A. 1927.	Entrée du port Phillip.	
A. 2731.	Corio or Gelon Harbour.	

———

CHEMISE N° 137.

Nouvelle-Hollande, côte Sud.

<table>
<tr><td>Numéros
des Cartes.</td><td></td><td>Dates
des corrections.</td></tr>
</table>

Numéros des Cartes.		
A. 1062.	Lacepede Bay to Cape Otway. — Lacepede, Rivoli and Mac Donnel Bays.	
F. 639.	Partie de la terre Napoléon, 2ᵉ feuille.	
A. 2494.	Lady Bay.	
A. 2506.	Port Fairy.	
A. 2504.	Portland Bay.	
F. 640.	Partie de la Terre-Napoléon, 3ᵉ feuille.	
F. 642.	Partie de la Terre-Napoléon, 4ᵉ feuille.	
F. 643.	Partie de la Terre-Napoléon, 5ᵉ feuille. — Port Champagny.	
A. 1061.	Australian Bight to Cape Jervis. — Nuyts Archipelago. — Port Lincoln.	
A. 2389.	Gulf of St Vincent and Spencer.	
F. 641.	Ile Decrès.	
A. 2493.	Port Elliot.	
A. 1752.	Port Adelaïde and Holdfast Bay.	
A. 2152.	Troubridge Shoals.	
A. 402.	Tickera Point to Cape Elizabeth.	
A. 401.	Augusta Port.	
F. 644.	Partie de la terre Napoléon, 6ᵉ feuille. — Iles Joséphine et baie Murat.	
A. 1060.	Cape Arid to Australian Bight.	
A. 1059.	Cape Leeuwin to Cape Arid, King George Sound. . .	
A. 1064.	Wiews. — Cape Leeuwin, etc.	
F. 601.	Archipel de la Recherche.	
F. 740.	Port du Roi-Georges.	
F. 741.	Havre de la Princesse-Royale (Port du Roi-Georges). .	
F. 742.	Entrée du havre de la Princesse-Royale.	
A. 2619.	King George Sound and Princess Royal Harbour. . .	
F. 582.	Vues de la côte S. O. de la Nouvelle-Hollande, etc. .	

CHEMISE N° 138.

Nouvelle-Hollande, côtes Ouest et Nord.

Numéros des Cartes.		Dates des corrections.
A. 1056.	Cape Farquhar to Cape Leeuwin. — Port Gregory . . .	
A. 1735.	Koombanah Bay and Leschenault Inlet.	
A. 1700.	Swan River and Rottnest Island. — Warnbro Sound.	
A. 1058.	Cockburn Sound, Gage Road, and Swan River	
A. 1723.	Houtman Rocks, With Recruit and Good Friday Bay.	
F. 659.	Baie des Chiens-Marins.	
A. 518.	Sharks Bay.	
A. 1055.	Cape Lambert to Cape Farquhar.	
A. 1054.	Exmouth Gulf.	
A. 1053.	Dampier Archipelago.	
A. 1048.	Buccaneer Archipelago to Cape Lambert.	
A. 1047.	Cape Ford to Buccaneer Archipelago.	
A. 1052.	Buccaneer Archipelago.	
A. 1051.	Camden Bay to Vansittart Bay.	
A. 1050.	Admiralty Gulf and Vansittart Bay.	
A. 1049.	Cambridge Gulf.	
A. 1705.	Victoria River.	
A. 1044.	Carpentaria Gulf to Cape Ford.	
A. 1046.	St Asaph Bay and Port Cockburn.	
A. 1333.	Port Essington.	
F. 1082.	Canal Bowen et baie Raffles.	
A. 1043.	Carpentaria Gulf. — Sir Edward Pellews Group and Wellesley Islands.	
A. 1045.	Carpentaria Gulf, N. W. Side.	
A. 1807.	Carpentaria Gulf, S. Side. — Investigator Road. . . .	

CHEMISE N° 139.

Iles Norfolk, Kermadec,
et partie septentrionale de l'île du Nord (Nouvelle-Zélande).

———

Numéros des Cartes.		Dates des corrections.
A. 1110.	Norfolk and Philip Islands. — Sydney Bay.	
A. 568.	Raoul or Sunday Island.	
F. 2136.	Nouvelle-Zélande (carte générale).	
A. 2525.	The Northern Coasts from Hokianga on the West, to Tutukaka on the East. — Parengarenga and Ohora.	
A. 1091.	Hokianga River.	
A. 2520.	Rangaounou or Awanui River.	
A. 1791.	Port Monganui.	
A. 1092.	Wangeroa Bay.	
A. 1090.	Bay of Islands.	
F. 1037.	Baie des Iles.	1862
F. 816.	Rivière Kawakawa (baie des Iles).	
F. 908.	Rivière Kawakawa (baie des Iles).	
A. 2024.	Wangaruru Harbour.	
A. 1275.	Tutukaka Harbour and Nongodo River.	
F. 2138.	Côte Ouest, du morne Monganui à Manukau, et côte Est, de Tutukaka à l'île Mayor.	
A. 1117.	Manukau Entrance	
A. 2726.	Manukau Harbour.	
A. 2614.	Kaipara Harbour.	
A. 2047.	Wangari Harbour.	
A. 2559.	Ports in Great Barrier Island; Catherine Bay, Ports Abercrombie and Fitz Roy, Wangaparapara, Okupu Bay, Port Tofino	
A. 1998.	Kawau Island.	
A. 1094.	Maurangi Harbour.	
F. 2101.	Passes du port d'Auckland.	
A. 1970.	Auckland Harbour	
F. 757.	Canal de l'Astrolabe.	
A. 2035.	Coromandel Harbour.	
A. 2574.	Mercury Bay.	

———

CHEMISE N° 140.

Nouvelle-Zélande, partie Sud de l'île du Nord.

Numéros des Cartes.		Dates des corrections.
F. 2136	Nouvelle-Zélande (carte générale).	
	(Pour mémoire, voir la chemise n° 139.)	
A. 2527.	Mayor Island to Poverty Bay.	
A. 2521.	Tauranga Harbour.	
F. 756.	Baie Houa-Houa. — Baie Wangari.	
A. 2528.	Poverty Bay to Cape Palliser.	
A. 2513.	Ahuriri Road, Port Napier, and Long Point Anchorage.	
A. 2054.	Cook Strait and the Coast to Cape Egmont.	
A. 1423.	Port Nicholson.	
A. 2588.	Entry Anchorage, Porirua Harbour and Mana Island. .	
A. 2535.	Manukau Harbour to Cape Egmont. — New Plymouth, Aotea, Waikato River.	
A. 2524.	Kawhia Harbour.	
A. 2534.	Whaingaroa Harbour.	
A. 2684.	Cook Strait Anchorages : D'Urville Island to the Entrance of Queen Charlotte Sound.	
A. 2685.	Cook Strait Anchorages : Croiselles Harbour, Pelorus Sound, Port Gore, Queen Charlotte Sound, Tory Channel and Port Underwood.	

CHEMISE N° 141.

**Nouvelle-Zélande, îles du Milieu, et île Stewart ou du Sud;
îles Chatham et Auckland.**

<table>
<tr><td>Numéros
des Cartes.</td><td></td><td>Dates
des corrections.</td></tr>
<tr><td>F. 2136.</td><td>Nouvelle-Zélande (carte générale) . . . .
(Pour mémoire, voir la chemise n° 139.)</td><td></td></tr>
<tr><td>A. 2529.</td><td>Cape Campbell to Banks Peninsula. . . . .</td><td></td></tr>
<tr><td>F. 1164.</td><td>Presqu'île de Banks. . . . .</td><td></td></tr>
<tr><td>F. 910.</td><td>Baie de Tokolabo et de Kokorarata. . . . .</td><td></td></tr>
<tr><td>A. 1999.</td><td>Ports Cooper or Tewhaka, Levy or Kororarata, Pigeon
or Wakaroa, and Erskine Bays. . . . .</td><td></td></tr>
<tr><td>F. 909.</td><td>Port Akaroa. . . . .</td><td></td></tr>
<tr><td>A. 2532.</td><td>Ninety Miles Beach to Otago. . . . .</td><td></td></tr>
<tr><td>A. 2411.</td><td>Otago Harbour. — Koputai Bay or Port Chalmers. .</td><td></td></tr>
<tr><td>A. 2533.</td><td>Otago to Mataura River and Ruapuke Island. . . . .</td><td></td></tr>
<tr><td>A. 2540.</td><td>Awarua or Harbour of the Bluff and New River. . .</td><td></td></tr>
<tr><td>A. 2553.</td><td>Foveaux Strait and Stewart Island. — Snares Islands.</td><td></td></tr>
<tr><td>A. 2541.</td><td>Paterson Inlet and Port William. . . . .</td><td></td></tr>
<tr><td>A. 2542.</td><td>Ports Pegasus, Adventure and Lords River. . . . .</td><td></td></tr>
<tr><td>A. 2589.</td><td>Foveaux Strait to Awarua River. — Freshwater Basin,
Anita Bay, Deas Cove, Facile and Pickersgill Har-
bours, Duck Cove, Anchor Island Harbour, South
and North Ports. . . . .</td><td></td></tr>
<tr><td>A. 2590.</td><td>Awarua River to Abut Head. . . . .</td><td></td></tr>
<tr><td>A. 2591.</td><td>Abut Head to Cape Foulwind. . . . .</td><td></td></tr>
<tr><td>A. 2616.</td><td>Cape Foulwind to d'Urville Island including Blind
and Massacre Bay. — Tonga Anchorage, Torrent
Bay, and Astrolabe Road. . . . .</td><td></td></tr>
<tr><td>F. 750.</td><td>Anse des Torrents (baie Tasman). . . . .</td><td></td></tr>
<tr><td>F. 751.</td><td>Anse de l'Astrolabe (baie Tasman). . . . .</td><td></td></tr>
<tr><td>A. 2185.</td><td>Nelson Anchorage. . . . .</td><td></td></tr>
<tr><td>F. 752.</td><td>Bassin des Courants. . . . .</td><td></td></tr>
<tr><td>A. 1096.</td><td>Current Basin and French Pass. . . . .</td><td></td></tr>
<tr><td>F. 911.</td><td>Iles Chatham. — Anse d'Ubraye. — Anse Fournier. .</td><td></td></tr>
<tr><td>A. 1417.</td><td>Chatham Islands. — Ports Waitangi, Hutt and Kan-
garoa or Skirmish Bay. . . . .</td><td></td></tr>
<tr><td>F. 1087.</td><td>Iles Auckland. — Havre Sarah's Bosom. . . . . . .</td><td></td></tr>
<tr><td>A. 1114.</td><td>Auckland Group and Campbell Island. . . . . . .</td><td></td></tr>
</table>

CHEMISE N° 142.

Cartes générales de la mer des Indes, du grand archipel d'Asie et des mers de Chine.

Numéros des Cartes.			Dates des corrections.
F.	955.	Mers australes, du cap de Bonne-Espérance au cap du Rio-Georges.	
A.	596.	Hollams Island's to Cape Corrientes. — St Helena and Table Bay.	
F.	875.	Canal de Mozambique et île de Madagascar.	
F.	876.	Côte Est de Madagascar et îles situées à l'Est et au N. E.	1863
A.	597.	Cape Corrientes to Juba Island, including Madagascar.	
F.	901.	Entrée de la mer Rouge.	
F.	903.	Côtes d'Arabie et de Perse. de l'île Socotra à Bombay.	
F.	899.	Côtes de l'Indoustan, de Bombay au Godavery, îles Maldives et Chagos.	
F.	900.	Golfe du Bengale.	
A.	70a.	} Bengal Bay with 15 Plans.	
A.	70b.		
F.	889.	Iles Sumatra, Java, Bornéo et mers environnantes. . .	1861
F.	927.	Iles Philippines, Célèbes et Moluques.	
F.	2151.	Partie du grand archipel d'Asie comprise entre Java, la Nouvelle-Guinée et l'Australie.	
F.	865.	Mer de Chine.	1864
F.	957.	Côtes orientales de Chine.	1863
A.	1262.	China from Hong-Kong to Liau-Tong Gulf.	

CHEMISE N° 185.

(Chemise restreinte.)

Côtes orientales d'Asie, de Formose au Kamstchatka; Japon.

Numeros des Cartes.		Dates des corrections.
F. 1435.	Détroit de Formose..	1863
F. 1436.	De Formose au Yang-Tse-Kiang.	1863
A. 1601.	Wusung River..	
F. 2048.	Golfes de Pe-tché-li et de Liau-Tong.	1865
F. 2061.	Baie de Tche-fou ou de Yen-Taï..	1865
F. 1173.	Presqu'île de Corée..	
F. 1467.	Côte orientale de Corée et partie de la Tartarie chinoise. — Atterrages du golfe d'Amville.	
A. 2347.	Nipon Island, Kiusiu and Sikok and a part of the Korea.	
A. 2405.	Kuril Islands from Nipon to Kamtschatka.	
A. 2650.	Tartary Strait and Entrance to the Amur River. . .	
F. 2174.	Mer d'Okhotsk..	
A. 1040.	Avatcha Bay. — Petropaulowski..	
A. 1041.	Avatcha, Outer Bay..	
F. 1030.	Baie d'Avatcha..	
F. 2150.	Iles et mer du Japon..	
F. 1867.	Détroit de Sangar..	1864
F. 1830.	Port d'Hakodadi.	
F. 2133.	Seto-Uchi ou mer intérieure du Japon..	
F. 2118.	Entrée Ouest de Seto-Uchi et détroit de Simonoseki.	
F. 2124.	Ports et mouillages dans Seto-Uchi..	
A. 358.	Werstern Coast of Kiusiu and Nipon including Tsu-Sima.	
F. 2119.	Port de Nagasaki..	
F. 2111.	Port de Kagosima..	
F. 1829.	Port de Simoda.	
F. 2132.	Baie de Yeddo. — Yokohama..	

CHEMISE N° 184.

(Chemise restreinte.)

Iles Lou-Tchou, Philippines et Bornéo.

Numéros des Cartes.		Dates des corrections.
F. 1174.	Archipel Lou-Tchou.	1863
F. 1175.	Rade et port de Nafa.	
A. 1352.	Bashee and Ballingtang Channels.	
F. 459.	Baie de Manille et ses environs.	
F. 2049.	Détroit de San-Bernardino.	
F. 1725.	Côtes occidentales de Panay, Tablas et îles voisines. .	
F. 2007.	Ile Palawan.	
F. 2050.	Partie orientale de la mer de Soulou et de Mindoro. .	
F. 1178.	Mouillage de Samboangan (île de Mindanao). . . .	
F. 1720.	Côte Sud de Mindanao et îles environnantes.	1863
F. 2123.	Mer de Soulou et partie occidentale de la mer des Célèbes.	
F. 1187.	Ile de Bassilan et dépendances.	
F. 1192.	Rade de Soulou.	
F. 1496.	Côte N. O. de Bornéo.	1862
A. 1844.	Labouan Island.	
F. 1085.	Partie S. E. de la côte de Bornéo.	
F. 2144.	Dédroit de Macassar.	

CHEMISE N° 174.

Célèbes et Moluques.

Numéros des Cartes.			Dates des corrections.
A.	2662.	Ports in Macassar Strait	
A.	928.	Celebes West Coast from Tanakeke to Mandhar.	
F.	1084.	Partie méridionale de l'île Célèbes	
A.	932.	Celebes, South Coast from Three Brothers to Zaleyer Island.	
A.	933.	Turatte and Bonthain Bays	
F.	626.	Détroit de Boutoun	
A.	934.	Boeton Island, Kalan Soe Harbour.	
F.	719.	Détroit de Wangi-Wangi.	
A.	931.	Gorontalo River.	
F.	778.	Partie Nord de l'île Célèbes.	
A.	930.	Limbe Strait.	
F.	779.	Baie de Manado.	
A.	2575.	Eastern part of the Celebes Sea to the Southern part of Mindanao Island.	
F.	776.	Route de l'*Astrolabe* à travers les Moluques.	
A.	232.	Track through Gillolo Passage.	
F.	1080.	Iles Ceram, Bourou, et îles voisines. — Baie Warou. — Mouillage des îles Banda. — Baie Atiling. — Baie Sannana.	
F.	624.	Partie du grand archipel d'Asie.	
A.	910.	Ceram Island, Selema Bay and Sawey Harbour.	
A.	1405.	Ceram Island, Wahaay Harbour.	
A.	909.	Ceram Island, Amahoy Bay.	
A.	908.	Amboina Island.	
A.	912.	Selang Harbour.	
A.	907.	Honimoa Island, Saparooa Bay, with Noessa Laut.	

CEMISE N° 175.

Grand archipel d'Asie, de Timor au détroit de la Sonde.

———

Numéros des Cartes.		Dates des corrections.
A. 2073.	Baly and Islands East of Java to Timor	
F. 660.	Partie de l'île Timor et de quelques îles voisines. — Détroit de Bourou. — Ville de Coupang	
F. 699.	Détroit d'Ombai	
F. 658.	Détroits de Rottie et de Simao	
F. 1132.	Partie S. O. de Timor	
F. 625.	Partie du grand archipel d'Asie	
F. 700.	Iles Savu	
A. 902.	Solar Strait	
A. 901.	Alligator Bay, Floris, etc.	
A. 900.	Mangrove Harbour, Floris	
F. 1250.	Détroits de Sourabaya, Bali, Lombock et Allas	
F. 2149.	Partie orientale de la mer de Java	
F. 859.	Baie de Peejou (île Lombock)	
F. 1243.	Détroit de Sourabaya	
F. 858.	Détroit de Madura	
F. 1251.	Côte Nord de Java, de la pointe d'Intramayoe au détroit de Sourabaya	
F. 1086.	Partie N. O. de Java. — Partie de la côte près de Samasang	

(Voir, pour la partie Ouest de Java, la chemise n° 155, page suivante.)

———

CHEMISE N° 155.

Détroits de Malacca, Singapour, Banca, Gaspar, Carimata et de la Sonde.

———

Numéros des Cartes.		Dates des corrections.
F. 1981.	Détroit de Malacca, partie Nord, de la pointe Diamond aux North-Sands...	
F. 1982.	Détroit de Malacca, partie Sud, des North-Sands à Singapour...	
F. 2056.	Penang ou île du Prince-de-Galles...	
A. 2757.	Singapore to Banca Strait...	
A. 2403.	Singapore...	
A. 2402.	Straits of Durian, Muro, and Jombol...	
A. 2404.	Singapore...	
A. 2023.	Singapore New Harbour...	
A. 1995.	Singapore Roads...	
A. 1734.	Sirangoon Harbour and Johore Channel...	
F. 1253.	Détroits de Banca et de Gaspar...	1865
F. 1694.	Détroit de Banca...	1861
A. 2597.	Banka Strait...	
A. 2808.	Banka Strait South Entrance, the Lucipara and Stanton Channels...	
A. 2137.	Gaspar Strait...	
F. 1252.	Passage de Carimata...	1862
A. 2640.	Java Sea, Western Part...	
A. 2058.	Java Island. — Batavia, Kalang-Bayang, Lagoendy, Sourabaya and Sapœdie Straits; Samarang, Zand, Patytan, Tytando and Tylatiap Bays, Kambangan Channel, and Segora Wcdie...	
F. 1102.	Atterrages de Batavia...	
F. 1069.	Détroit de la Sonde. — Mouillage de Poulo-Mérak. — Mouillage de l'île Meeuwen...	
F. 1113.	Détroit de la Sonde...	
A. 2056.	Sunda Strait...	
A. 882.	Zutphen or Hound Islands...	
A. 85.	Rajah Bassa Road...	
A. 231.	Samangea Bay...	
A. 1388.	Merak Harbour...	

CHEMISE N° 183.

(Chemise restreinte.)

Golfe du Bengale et mer de Chine.

CHEMISE N° 160.

Iles éparses de la mer des Indes.

CHEMISE N° 159.

Iles de la Réunion et Maurice.

—

CHEMISE N° 157.

Madagascar, côtes Est et Sud-Ouest.

Numéros des Cartes.		Dates des corrections.
F. 876.	Côte Est de Madagascar et îles situées à l'Est et au N. E.	
F. 851.	Baie de Diego-Suarez.	
F. 1291.	Port d'Ambavaranou ou baie Rigny.	
F. 1450.	Port Leven.	
A. 679.	Looke Leven, and Andrava Ports.	
F. 1020.	Baie de Vohemar. — Entrée de la baie de Vohemar. .	
A. 680.	Ngoncy Road.	
A. 681.	Veninguebe Bay.	
A. 682.	Hastie Road and Port Choiseul.	
F. 2145.	De l'île Fong à Sainte-Marie.	
F. 1204.	Ile et canal de Sainte-Marie. — Rade et port de Sainte-Marie.	
F. 2104.	Fénérive.	
F. 2034.	Foulpointe.	
F. 2098.	Tamatave.	
A. 689.	St Lucia Bay.	
A. 690.	Dauphin Bay.	
A. 691.	South West Coast, With Star Bank.	
A. 692.	St Augustine Bay, and Tullear Harbour.	
A. 693.	Murderers Bay to Cape St Vincent.	

———

CHEMISE N° 181.

(Chemise restreinte.)

Côte Est d'Afrique, du cap Corrientes à Ras Hafoun, côte Ouest de Madagascar, îles Mayotte et Comores.

<table>
<tr><td>Numéros
des Cartes.</td><td></td><td>Dates
des corrections.</td></tr>
<tr><td>F. 1802.</td><td>Baie Pomba. — Rivière et barre Sofala. . . . .</td><td></td></tr>
<tr><td>F. 1751.</td><td>Du cap Corrientes à la pointe Caldeira. . . . . . .</td><td>1861</td></tr>
<tr><td>F. 1750.</td><td>De la pointe Caldeira au port de Quiloa. . . . . .</td><td>1861</td></tr>
<tr><td>F. 1749.</td><td>Du port de Quiloa à la baie de Kwyboo. . . . . .</td><td></td></tr>
<tr><td>F. 1745.</td><td>Passe Sud du mouillage de Zanzibar. . . . .</td><td></td></tr>
<tr><td>F. 1297.</td><td>Ile et port de Mombaze. . . . .</td><td></td></tr>
<tr><td>F. 1442.</td><td>Côte Ouest de Madagascar, du cap Saint-Vincent au cap Saint-André. . . . .</td><td></td></tr>
<tr><td>F. 1441.</td><td>Côte Ouest de Madagascar, du cap Saint-André à la baie d'Antongil. . . . .</td><td></td></tr>
<tr><td>F. 1451.</td><td>Baie de Passandava. . . . .</td><td></td></tr>
<tr><td>F. 988.</td><td>Nossi-Bé, Nossi-Cumba, Nossi-Fali, Nossi-Mitsiou et côte adjacente. . . . .</td><td></td></tr>
<tr><td>F. 989.</td><td>Mouillages situés à la partie Sud de Nossi-Bé. . . .</td><td></td></tr>
<tr><td>F. 1046.</td><td>Ile Mayotte. . . . .</td><td>1863</td></tr>
<tr><td>F. 987.</td><td>Passes et mouillages au S. E. de Mayotte. . . . . .</td><td>1863</td></tr>
<tr><td>F. 997.</td><td>Vues de l'île Mayotte. . . . .</td><td></td></tr>
<tr><td>F. 1221.</td><td>Mouillages à la côte Sud de Mohéli (Comores). . . . .</td><td></td></tr>
<tr><td>A. 2762.</td><td>Comoro Islands. . . . .</td><td></td></tr>
</table>

CHEMISE N° 144.

Côte Sud d'Afrique,
du cap de Bonne-Espérance au cap Corrientes.

Numéros des Cartes.			Date des corrections.
A.	596.	Hollam's Island to Cape Corrientes. — St Helena and Table Bays.	
		(Pour mémoire, voir la chemise n° 142, page 38.)	
F.	1870.	Côte Sud d'Afrique, du cap de Bonne-Espérance à la baie d'Algoa..	
F.	1880.	Baie de la Table.	1863
F.	1422.	False Bay.	
F.	1879.	Simon's Bay.	
A.	2571.	Cape Hangklip to Dyers Island.	
A.	2572.	Dyers Island to Struy's Bay.	
A.	638.	Flesh Bay, or Bay of St Bras.	
A	639.	Mossel Bay.	1863
F.	1878.	Baie de Mossel. — Baie de Plettenberg. — Cap des Anguilles.	
F.	1877.	Havre Knysna.	
F.	1869.	De la baie d'Algoa au port Natal.	
F.	1876.	Baie d'Algoa.	
A.	641.	St Francis Bay.	
F.	1875.	Rivière Buffalo. — Rivière et baie Kaffir-Kuyl. — Baie Waterloo. — Embouchure de la rivière Kei.. . . .	
F.	1874.	Entrée de la rivière Saint-John ou Umzimvubu. . .	
F.	1868.	Du port Natal au cap Corrientes.	
F.	1873.	Port Natal..	
F.	1871.	Baie Delagoa ou Lorenzo-Marquès..	
F.	1872.	Rivière English (baie Delagoa). — Port Melville (*id.*).	

CHEMISE N° 180.

(Chemise restreinte.)

Côtes occidentales d'Afrique, du cap Verd au cap de Bonne-Espérance.

———

Ouvrages.

3o8. Instructions nautiques sur les traversées d'aller et retour de la
Manche à Java, traduites du hollandais par *Le Helloco*.

368. Nouvelle route pour doubler le cap de Bonne-Espérance, pro-
posée par M. Bridet, capitaine de frégate.

262. Instructions à donner aux bâtiments venant en Nouvelle-Calédonie par le cap de Bonne-Espérance. *Du Bouzet*.

191. Considérations générales sur l'océan Indien, suivies de la tra-
duction des instructions pour la navigation dans le détroit de
Torrès, et accompagnées des prescriptions nautiques pour
échapper aux ouragans, 2ᵉ édition. *De Kerhallet*.

352. Routier de la côte Sud et S. E. d'Afrique. *A. Le Gras*.

3o4. Instructions nautiques sur les mers de l'Inde, par *James Horsburgh*, tome IIIᵉ (1ʳᵉ et 2ᵉ partie).

(A défaut du n° 304, on délivrera les nᵒˢ 147 et 301.)

332. Instructions nautiques par *James Horsburgh*, 1ʳᵉ partie.

344. Instructions nautiques, par *James Horsburgh*, IIᵉ partie.

3o9. Description des bancs et des dangers situés dans le S. E. de
l'île de Ceylan.

373. Mer de Chine. — Côte Est de la Chine, de Hong-Hong à la pointe
Sud de la Corée.

298. Renseignements hydrographiques sur les îles Bashee, les îles Formose et Lou-Tchou, la Corée, la mer du Japon, les îles du
Japon et la mer d'Okhostk.

329. Description hydrographique de la presqu'île de Corée, trad. du
russe par *de La Planche*.

61. Extrait du rapport de M. Cécile, capitaine de vaisseau (hémis-
phère austral).

Des Dialectes de Tahiti et des îles Marquises (à délivrer jusqu'à
ce que l'approvisionnement soit épuisé).

LISTE

DES

DÉPOTS DES CARTES ANGLAISES A L'EXTÉRIEUR.

Hambourg.	{ Felby and Co. { Campbell and Co.
Gibraltar.	Le bureau du capitaine de port.
Malte.	id.
Malte.	Muir.
Smyrne.	Mitchell.
Québec.	Middleton and Dawson.
Miramichi (Nouveau-Brunswick).	J. Mac Dougall.
Chatham (Nouveau-Brunswick).	H. Cunard.
Charlottetown (île du Prince Édouard).	H. Stampers.
Sidney (île du cap Breton).	Brown.
Gut of Canso : Port Mulgrave.	W. C. Heffernan.
Gut of Canso : Plaister Cove.	J. Mac Keen.
Pictou (Nouvelle-Écosse).	J. Patterson.
Halifax (Nouvelle-Écosse).	MM. Mac Kenley.
Nassau (Nouvelle-Providence).	Harvey.
Buenos-Ayres.	H. Moss.
Ville du Cap (cap de Bonne-Espérance).	Le bureau du capitaine de port.
Baie d'Algoa.	id.
Bombay.	Le bureau du superintendant.
Singapour.	Campbell and Co.
Hong-Kong.	Douglas Lapraik.
Brisbane (Australie).	Le bureau du capitaine de port.
Sidney (Australie).	Reading and Wellbank.
Melbourne (Australie).	J. Blundell and Co.
Adélaïde (Australie).	{ G. Trinklar, Trinity House. { G. Wolds.
Port Adélaïde.	Le bureau de la Marine.
Hobartown (Tasmanie).	Walch and Sons.
Victoria (île de Vancouver).	Hibben and Carwell.
Auckland (Nouvelle-Zélande).	W. C. Wilson.
Nelson (Nouvelle-Zélande).	D. Rough.
Port Cooper (Nouvelle-Zélande).	J. W. Hamilton.
Wellington (Nouvelle-Zélande).	R. Stokes ; S. Karkeet.

Paris. — Typographie de Firmin Didot frères, imprimeurs de l'Institut et de la Marine, rue Jacob, 56.

LIBRAIRES

CHARGÉS DE LA VENTE DES PUBLICATIONS

Du Dépôt des cartes et plans de la Marine.

— o —

PARIS. — Bossange, quai Voltaire, 25.
DUNKERQUE. — Mme Théry, successeur de veuve Lancel.
DIEPPE. — Quesnel.
FÉCAMP. — Mlle Garnier.
LE HAVRE. — Debrie.
ROUEN. — A. Le Brument.
HONFLEUR. — Mlle Caillot.
CAEN. — Mme Capitaine.
CHERBOURG. — Le Poittevin.
GRANVILLE. — Mme Seyty, née Grimbot.
SAINT-MALO. — V. Coni.
SAINT-SERVAN. — Mme Laurent-Huet.
SAINT-BRIEUC. — L. Prudhomme.
BREST. — Lefournier frères.
LORIENT. — Mme Tiret.
NANTES. — Mme Véloppé.
SAINT-NAZAIRE. — Fétu.
LA ROCHELLE. — Gout, successeur de Fémeau.
ROCHEFORT. — Proust-Branday.
BORDEAUX. — Chaumas-Gayet.
BAYONNE. — Cazals.
CETTE. — Alexandre Martin fils.
MARSEILLE. — Trabaud.
TOULON. — Rumèbe.
ALGER. — Bastide.